Le printemps de l'Europe

L'hiver a été long, mais depuis deux siècles le printemps s'annonce, par le dégel : le continent ne vit plus replié sur lui-même. En maîtrisant les mers, les Européens détruisent leur « moyen âge ». Les Italiens ont déverrouillé le lac méditerranéen, fermé par les Infidèles. Des navires marchands, portant la bannière de l'Occident, sillonnent de nouveau la mer en tous sens. Les pays arabes accordent des privilèges, ouvrent des entrepôts, car s'ils ont enlevé Constantinople, annulé les effets des Croisades, ils n'ont jamais renoncé aux bienfaits d'un commerce international dont ils tirent de grands bénéfices. Les Italiens empruntent donc la route des Indes, *via* l'Égypte. La prestigieuse route de

Le troupeau de moutons espagnol

Au XVIe siècle, 2 500 000 moutons parcourent l'Espagne du nord au sud — au nord l'été, au sud l'hiver —, ruinant tout sur leur passage.

La corvée fait des progrès en Russie

En 1500, un paysan qui obtient de son maître 5 déciatines de terre (un déciatine équivaut à peu près à un hectare) doit cultiver environ 2 déciatines pour le seigneur. Cent ans plus tard, cette superficie a pratiquement doublé.

la soie, celle de la Chine, *via* la Syrie, arrive jusqu'à Venise. Quant aux portes de la mer Noire, elles livrent depuis longtemps aux chrétiens les richesses du Caucase et de la Caspienne.

Les nobles maisons de commerce de Gênes, de Venise et de Florence font fortune en revendant aux Européens les produits importés à grands frais d'Orient. Mais le trafic coûte cher. Il faut payer les Arabes en or. Aussi, pour se passer de ces intermédiaires, on a l'idée de rechercher ailleurs une route des Indes. Les Portugais, d'escale en escale, descendent toujours plus au sud le long des côtes occidentales de l'Afrique. Ces hardis navigateurs rejettent les vieilles terreurs qui, entre autres, donnaient à croire que les navires fondaient sous l'Équateur.

Bientôt les Portugais doublent le cap de Bonne-Espérance et atteignent l'océan Indien, jusqu'ici chasse gardée des marchands arabes. Ils occupent les côtes de l'Inde, poussent vers la mer de Chine. Désormais, l'Europe peut reprendre directement le dialogue avec l'Extrême-Orient. Elle renoue ainsi un fil rompu depuis des siècles : la Chine n'avait-elle pas envoyé à Rome, durant l'Antiquité, des ambassadeurs ? Le nouvel empire commercial bâti par les sujets du roi du Portugal en Extrême-Orient annonce une autre conquête, dont l'Europe de l'Ouest conservera longtemps le bénéfice exclusif : celle des Amériques, découvertes par Christophe Colomb en 1492.

Au début, l'Espagne et le Portugal en profitent seuls. Mais ces deux pays n'ont pas le bonheur égoïste. Bientôt, leurs monnaies d'or et d'argent envahissent toute l'Europe de l'Ouest, et cette fabuleuse richesse, ce pactole venu des mines du Mexique et du Pérou, bouleverse l'économie. On voit apparaître en Allemagne, en Hollande, en Italie et en France, mais aussi en Angleterre, de véritables sociétés capitalistes, dont les entreprises prennent une nouvelle dimension. Les mines, les industries, les sociétés commerciales donnent aux États une puissance telle que le rapport des forces en Europe se modifie à toute allure. L'Angleterre pastorale devient une nation de corsaires, de marins, de marchands, bientôt de colonisateurs, et affronte furieusement l'Espagne sur mer. L'Allemagne, riche en mines, exporte ses techniciens dans toute l'Europe et met en place les premiers éléments de sa puissance industrielle. Des ports se fondent sur l'Atlantique, tel Le Havre, inauguré par le roi François Ier. Même les pays du Nord, comme la Suède et le Danemark, prétendent au partage des nouvelles richesses. L'Atlantique, et non plus la Méditerranée, décide du destin des jeunes nations.

Les peuples européens ressentent dans leur vie quotidienne les effets du nouvel ordre économique. L'abondance des monnaies fait flamber les prix ; ceux qui peuvent vendre ou produire, les paysans propriétaires, les artisans, les entrepreneurs d'industries, profitent de la hausse continue, cependant que les seigneurs laïcs et ecclésiastiques, aux revenus fixes, voient leur train de vie se réduire d'année en année. Bientôt, des nobles ruinés vendront leurs biens aux bourgeois et loueront leurs armes aux chefs de ligues des interminables guerres de Religion qui vont ensanglanter l'Europe.

Car le dégel de l'économie entraîne celui des idées et une remise en cause de la religion catholique. Certains croyants ne comprennent pas que le pape Jules II fasse la guerre comme un seigneur et accable ses sujets d'impôts pour pouvoir livrer bataille. Les abus financiers d'une partie du clergé deviennent si

Le charbon en Angleterre

A partir de 1550, la production atteint 210 000 tonnes. L'extraction se fait essentiellement dans le Northumberland, les Midlands, l'Ecosse et le Pays de Galles.

Le pactole venu d'Amérique

De 1558 à 1598, le roi d'Espagne reçoit d'Amérique, en métaux précieux, des sommes qui passent de 260 à 817 millions de maravédis.

Les textiles : une industrie florissante

A Florence, la corporation de la laine regroupe 30000 employés. Deux grandes manufactures font régner une discipline sévère : les ouvriers entrent et sortent au son de la cloche, sous la surveillance de contremaîtres.
5000 ouvriers à Lyon, 30000 à Séville, travaillent la soie.

manifestes que les prédicateurs réformés, Luther, puis Calvin, connaissent un grand succès populaire : ils dénoncent la corruption romaine et veulent changer les rapports entre les fidèles et les prêtres. Ceux-ci, disent-ils, doivent être des pasteurs et non des seigneurs. Et puis, dans le grand mouvement des idées, l'Église catholique apparaît trop souvent oppressive. Comment peut-elle condamner les théories de Copernic selon lesquelles la Terre n'est pas le centre de l'Univers, mais tourne autour du soleil ? Près d'un siècle plus tard, Galilée sera lui aussi condamné parce qu'il professera les mêmes idées.

Mais si l'Allemagne, l'Angleterre, l'Europe du Nord, les Pays-Bas, une partie de la France et de la Suisse échappent à la Rome des papes, aucun artiste européen n'échappe à l'influence de l'Italie. La Méditerranée reste, grâce à Florence, à Venise, à Pérouse, à Sienne, à Milan, la mesure de l'univers. Les plus grands esprits du temps viennent de ces villes italiennes qui sont comme un modèle de civilisation nouvelle : le « gai savoir » de Rabelais n'a pas de sens dans les villes médiévales murées et dominées par les flèches gothiques des monuments d'un autre âge. Michel-Ange place ses titans au cœur des places, enterre les papes dans des monuments qui auraient pu convenir aux empereurs-dieux de l'ancienne Rome. Léonard de Vinci multiplie les inventions, donnant l'exemple quotidien de la pensée libre et créatrice. Botticelli détourne des affaires le jeune Laurent de Médicis, qui prend plus au sérieux la philosophie grecque que sa propre banque... Galilée défie les Pisans et Michel-Ange, encore lui, du haut de son échafaudage de la chapelle Sixtine, parle au pape comme à son égal. Les rois de France font des bassesses pour attirer à leur cour de tels artistes. L'esprit a conquis ses droits !

L'imprimerie les rend imprescriptibles. On pouvait, au Moyen Age, brûler en place publique les écrits séditieux. Mais comment détruire complètement un livre tiré à des milliers d'exemplaires, surtout quand il est fabriqué en Suisse, en Hollande, et répandu ensuite « sous le manteau » ? *L'Éloge de la Folie* d'Érasme ou *L'Institution chrétienne* de Jean Calvin font plus de mal à l'Église romaine qu'une armée, car ces livres imprimés répandent les idées nouvelles.

Sans doute le dégel, venu des côtes atlantiques ou des villes italiennes, n'atteint-il pas toute l'Europe. L'Espagne et le Portugal conservent une structure féodale et brisent dans le sang toutes les révoltes populaires. Les Habsbourg maintiennent le gant de fer seigneurial sur les paysans des grands domaines assujettis au travail servile. La Russie demeure une terre glacée aux villages fermés. Partout des millions d'hommes ignorent que l'Amérique a été découverte. L'Est de l'Europe est, au demeurant, bien plus préoccupé de l'avance agressive des Turcs, qui menacent le Danube et les bords de la mer Noire. Même en Europe de l'Ouest, seuls les gens des villes ou des régions particulièrement riches bénéficient du grand mouvement de libération. Dans les montagnes, dans les campagnes pauvres et reculées, la vie ne change guère.

Mais sur la place de la Seigneurie à Florence, ou sur les bords de la Loire, on sait désormais qu'une idée neuve se répand en Europe, celle du mieux-vivre, du progrès, du bonheur, et qu'aucune puissance du passé ne pourra, au printemps, empêcher cette idée de germer.

Venise et les épices

Vers 1560, Venise importe environ 1 300 000 livres de poivre par an!

La population des grands pays d'Europe au XVIe siècle

16 millions d'habitants en France ; 10 millions en Allemagne ; 8 millions en Espagne ; 4 millions en Angleterre.
Venise, l'une des principales villes d'Italie, compte 140 000 habitants.

« Vivre au temps des grandes découvertes »

Des villes à l'italienne

En Hollande, et dans bien d'autres pays, les fenêtres des riches maisons bourgeoises commencent à se garnir de verres plats, fixés à la croisée à l'aide de lamelles de plomb. Mais la diffusion des vitres est lente, car celles-ci coûtent fort cher.

A Tivoli, non loin de Rome, l'architecte Ligorio utilise le terrain en pente aux pieds de la Villa d'Este pour installer une série d'innombrables fontaines qui répandent partout la fraîcheur. Dans le parc ombragé, ce ne sont que jets d'eau et statues gracieuses.

Les architectes allemands, célèbres dans toute l'Europe, sont moins des géomètres que des techniciens. De génération en génération, ils se transmettent les secrets de leur art qui repose sur les voûtes, les contreforts et les ogives.

Pour qui sont ces grands palais tout neufs, construits en pierre de taille ? Pour de nouveaux seigneurs ? Des archevêques ? Des princes ? Pas du tout, ils appartiennent à des banquiers ou à des rois de la laine.

Ces hommes s'appellent Strozzi, Ruccelai, Médicis, Pazzi, et leur fortune vient du textile, ou du commerce de l'argent. En Italie, ils tiennent le haut du pavé et transforment les villes. Ne sont-ils pas les maîtres de l'argent et des municipalités ?

A Florence, leurs palais se dressent à tous les coins de rue, avec des colonnades, des fenêtres à croisées garnies de verres de couleur, des escaliers monumentaux, des cours à loggias, des galeries à caissons peints. On ne reconnaît plus Sienne, ni Venise, ni Milan. Avec leurs places, leurs nouvelles églises, leur décor étudié, ces villes deviennent de véritables œuvres d'art, comme les palais.

La population urbaine s'accroît avec la richesse et l'activité. Naples passe de 150 000 à 275 000 habitants dans le siècle. Venise accueille déjà 100 000 habitants en 1500. Elle en comptera 175 000 en 1570. Il est vrai que le marché européen des épices se tient à Venise et que cette ville expédie à travers toute l'Europe ses verreries et ses textiles. Mais il existe des Venise hors d'Italie : Anvers, qui éclate aux Pays-Bas, fournissant aux cités du Nord de la soie, du sucre et du savon ; Lyon, en France, dont les foires sont célèbres ; Séville, en Espagne, tête de pont des « Nouvelles Indes » ; Lisbonne, au Portugal, dont le port, sur la « mer de paille », semble s'ouvrir naturellement vers le Nouveau Monde. L'Afrique, les Indes, l'Amérique et l'Asie se rejoignent à Lisbonne, où de tous les comptoirs de l'Empire arrivent les épices, les esclaves, l'or, l'argent... et les perroquets.

A Rome, les vieilles ruines des monuments antiques, abandonnées pendant tout le Moyen Age, sont explorées par les nouveaux bâtisseurs : ils y cherchent des idées, des motifs, et enlèvent les pierres sculptées ou les colonnes pour les intégrer aux nouveaux bâtiments.

En 1586, à Rome, on décide de dresser, au centre de la place Saint-Pierre, l'obélisque ramené d'Égypte en 41 après Jésus-Christ, sous Caligula. Cet énorme monolithe se trouvait à 250 mètres de là. Il fallut 130 jours, 800 ouvriers et quelque 150 chevaux pour le déplacer.

Princes de la soie et rois de la laine

Les marchands peuvent devenir princes : l'Italie des Médicis vient de faire cette découverte. Le vieux Cosme de Médicis comptait lui-même ses pièces de monnaie. Ses descendants seront grands-ducs de Toscane. En Allemagne, Charles Quint s'appuie sur l'argent du banquier Fugger, et François Ier, désireux d'éblouir son cousin d'Angleterre, Henry VIII, emprunte aux financiers pour le recevoir dans un « camp du drap d'or ».

L'or et l'argent venus d'Amérique soutiennent puissamment, par leur afflux massif et régulier, les hardiesses des hommes d'affaires. Le roi d'Espagne fixe la valeur de sa monnaie, mais la frappe des pièces demeure libre : une demi-douzaine d'ateliers s'en chargent en Castille. Il faut d'ailleurs réduire le poids en or des pièces pour empêcher l'hémorragie des métaux précieux vers la France, dont les Grands d'Espagne apprécient les vins, les armes et les étoffes.

Le change des monnaies se fait selon les lois de l'offre et de la demande. Les variations permettent aux changeurs italiens de gagner des fortunes. En France, leur nombre est limité dans chaque ville.

Pour éviter au maximum les transports de grandes quantités d'or ou d'argent, toujours dangereux, les banquiers ou les négociants se signent des lettres de change d'une place financière à l'autre. Ces lettres sont payables dans un délai de trois mois et portent souvent

Ces bourgeois reluisants de santé fréquentent une des plus anciennes Bourses d'Europe : celle d'Anvers, construite en 1531. La Bourse est alors un marché international pour toutes sortes de marchandises, y compris l'argent, et non, comme aujourd'hui, un centre d'échange des titres et des valeurs. On négocie les monnaies à la Bourse, où le jeu de l'offre et de la demande fixe leur valeur. On vend et on achète aussi les fourrures, les épices, les étoffes précieuses. Il y a également des Bourses pour les grains et les peaux.

un intérêt déguisé en « frais », car l'Église interdit toujours le prêt à intérêt.

Elle n'interdit pas — et pour cause, le pape étant lui-même un chef d'État — les emprunts publics. Pour faire la guerre, les rois empruntent sur les marchés financiers : le roi de France à Lyon, les empereurs Habsbourg en Italie. La dette, commercialisée sous forme d'obligations, alimente le jeu de la bourse, comme aujourd'hui les valeurs industrielles.

L'Europe des banques est en train de naître avec celle des affaires. Le commerce des livres imprimés illustre bien cet essor sans précédent. Emballés dans des tonneaux bourrés de paille, ils sont expédiés dans l'Europe entière et parfois même au-delà des mers...

Les changeurs de monnaies sont souvent des Italiens. En France on les appelle des Lombards. A l'époque, l'Italie se tient au centre des grands échanges maritimes avec l'Orient ou terrestres avec l'Europe centrale et orientale. Elle en retire une grande richesse.

Le banquier allemand Jacob Fugger et son comptable examinent les grands livres de comptabilité qui rendent possibles toutes les opérations bancaires. Ils mettent au point un ouvrage destiné à la formation des apprentis. La banque devient un métier.

Des voleurs de grand chemin guettent les courriers des banques. Ceux-ci empruntent souvent les cols des Alpes, entre Lyon, Genève et Milan. Pour éviter les transports en espèces, les banquiers utilisent la méthode des lettres de change : on dirait aujourd'hui des traites.

Cette ouvrière anglaise contrôle le diamètre des pièces de monnaie fabriquées à la main par des ouvriers spécialisés. Les pièces d'or et d'argent sont découpées en rondelles dans une plaque de métal laminé. Leur poids est strictement contrôlé.

La fortune vient de la mer

Cette galère turque est chargée de corsaires barbaresques dont les ports d'attache sont en Afrique du Nord. Partis d'Alger ou des autres repaires de la côte, les corsaires attaquent les navires marchands isolés, lourdement chargés, qui font le trafic de l'Orient, où ils vont chercher les tissus précieux, les épices, etc. Quand ils s'emparent du navire, les corsaires y mettent le feu après avoir transbordé la cargaison et mis l'équipage aux fers : les marins ou les passagers seront vendus au marché aux esclaves d'Alger et beaucoup ne reviendront jamais.

Tous les produits coûteux, enlevés en Europe à prix d'or, viennent par mer des pays lointains : les épices, les métaux précieux, les perles et les pierres, le sucre. Les armateurs et les marchands, qui prennent des risques considérables, réalisent aussi d'énormes profits.

Vénitiens et Florentins ont une longue habitude des routes de l'Orient : leurs galères les pratiquent toutes. Ils sont l'entrepôt de l'Europe. Mais les Portugais, en doublant le cap de Bonne-Espérance, s'ouvrent l'océan Indien et ses richesses fabuleuses. Au-delà de l'Inde, ils naviguent les premiers sur la mer de Chine. Vers l'ouest, ils partagent avec les Espagnols les routes ouvertes vers l'Amérique par les Conquistadores. Au bout d'un siècle d'exploitation, les « colonies » d'Amé-

Pas de grandes découvertes sans les fameuses caravelles et les progrès des instruments de navigation. Les marins utilisent la boussole, l'astrolabe pour faire le point, et de curieuses sphères de métal qui représentent les méridiens et les parallèles.

rique envoient à Séville et à Lisbonne l'or, l'argent et déjà le sucre et les produits tropicaux.

Ce commerce a ses gêneurs : les corsaires turcs et barbaresques qui écument la Méditerranée, raflant les esclaves et les marchandises. L'Espagnol Cervantès fut, avec bien d'autres, prisonnier des corsaires d'Alger. Le roi d'Espagne doit envoyer une flotte formidable pour se débarrasser des Turcs. Mais il ne vient pas à bout des Barbaresques.

Dans l'Atlantique, la course est aux mains des Anglais, qui attaquent systématiquement les lourds convois des Amériques. Les corsaires rapportent à la reine Elisabeth Ire des prises considérables, et beaucoup de trésors, aujourd'hui encore, dorment au fond de l'Océan. La flotte espagnole ne peut empêcher les Anglais de pratiquer cette piraterie systématique. Les navires marchands exposés aux tempêtes et aux caprices des éléments sont souvent la proie des corsaires.

Caravelles puis lourds galions sortent des chantiers navals et parcourent les mers. Grâce à ces bâtiments, l'Europe en possède la maîtrise. L'océan Atlantique lui appartient.

En Méditerranée, les galères à rameurs demeurent les navires les plus efficaces, car il faut compter sur les caprices des vents. Les galères de Venise vont chercher des marchandises dans les ports de l'île de Chypre, d'Égypte et de la mer Noire.

Les marchands de l'Europe méditerranéenne n'hésitent pas à affronter les sévères climats du nord pour aller choisir les fourrures et les peaux. Les commerçants de la Hanse les offrent dans leurs ports. Ces marchandises viennent souvent du fond de la Russie.

Les corsaires anglais s'attirent toute la sympathie de la reine Elisabeth. Ils attaquent les lourds galions du roi d'Espagne qui reviennent d'Amérique les cales pleines d'or, d'argent, de pierres précieuses. Ce butin enrichit le royaume et le trésor royal.

Aventuriers et conquérants

Au Pérou, dans les mines d'argent du Potosi, les plus riches d'Amérique, les Espagnols obligent les Indiens de l'ancien Empire inca à travailler dans des galeries situées à 4 200 mètres d'altitude. Dans ces conditions, manquant d'oxygène, les Indiens meurent par milliers.

Pour lutter contre la concurrence des marchands arabes, qui fournissent en produits d'Orient les ports de la Méditerranée, les Portugais installent des comptoirs permanents dans le golfe Persique, sur les côtes de la mer Rouge et des Indes. Ils construisent ainsi un véritable empire colonial, avec des points de relâche en Afrique, notamment au Congo, et des postes avancés jusqu'en Chine.

Le commerce du poivre et des épices fait du roi du Portugal le plus riche « épicier » d'Europe. Mais le roi d'Espagne, grâce aux mines du Potosi découvertes au Pérou, en devient aussi le plus grand « argentier ». L'arrivée massive du métal précieux américain sur les marchés d'Europe ruine les producteurs allemands et multiplie dans des proportions inquiétantes, quoique le commerce en profite, la quantité des monnaies en circulation. Sur tous les marchés d'Europe, les prix des denrées montent. Cette « inflation » profite souvent aux bourgeois ; par contre, de nombreux nobles, dont les revenus ne progressent pas, éprouvent de grandes difficultés financières. Certains grossiront les rangs des conquérants.

Les Portugais installent leurs comptoirs sur les côtes de l'océan Indien et jusqu'au golfe Persique. Leurs navires fréquentent même la mer de Chine. En Inde, la civilisation brillante de Gao intrigue les navigateurs, qui ne connaissent pas les éléphants domestiques.

Dans un village proche de Séville, ce brillant conquistador, armé de pied en cap, revient au pays après avoir fait fortune de l'autre côté des mers. Il achètera la plus belle maison, des terres, et vivra de ses revenus. La population l'acclame : il est le héros du jour.

Les Espagnols et les Portugais songent rapidement à tirer profit de leurs possessions d'Amérique en y installant des colons. Ceux-ci mettent en valeur les terres arrachées aux indigènes, réduits à la condition d'esclaves des mines ou des plantations.

Comme les Indiens ne sont pas assez nombreux, et qu'ils supportent très mal les terribles conditions de travail auxquelles on les soumet, on fait venir d'Afrique des esclaves noirs dès la fin du XVIe siècle. Les colons européens d'Amérique exportent bientôt vers l'Europe du sucre, du tabac et des produits utilisés en teinturerie, comme le bois de brésil, la cochenille du Mexique, l'indigo des Indes.

Les Européens sont ainsi conduits à créer outre-mer des installations permanentes, de véritables colonies, protégées par la flotte et l'armée envoyée par la métropole. Depuis le temps où les chevaux des Conquistadores les avaient terrorisés, les Indiens d'Amérique avaient accepté la domination de leurs nouveaux maîtres.

De comptoir en comptoir, les Portugais, par la mer de Chine, arrivent jusqu'au Japon. Ce pays n'avait jamais eu de contacts avec l'Occident, contrairement à la Chine, qui avait jadis envoyé des ambassadeurs à Rome. Les Portugais vendent aux Japonais des armes et des objets de « pacotille ».

Venise envoie des ambassadeurs dans toutes les cours d'Orient, afin d'obtenir des sultans et des princes des avantages commerciaux. Reçus ici en grande pompe au Caire, les ambassadeurs vénitiens sont particulièrement réputés pour leur adresse et leur savoir-faire.

Ils leur achètent des soieries, des objets rares, des épices. L'empire commercial portugais connaît alors une extension considérable. Les commerçants de ce petit pays montrent une audace sans égale, notamment dans leurs rapports avec l'Extrême-Orient.

Des produits de luxe

Boutiques et marchés sont les signes extérieurs de la richesse des sociétés. Les rues marchandes se multiplient dans les villes et attirent une clientèle de plus en plus vaste, qui achète des produits chers. Tout bon bourgeois rêve désormais d'étoffes de soie et de belles futaines. Toute bourgeoise veut être bien coiffée et bien vêtue. Elle entend ne pas lésiner sur la toilette et la parure.

Ce changement des mœurs fait la fortune des commerçants. Certes, la concurrence devient rude : les draps d'Angleterre valent ceux des Flandres ; la soie de Lyon et d'Espagne l'emporte sur celle d'Italie ; Milan, pour le velours, fait une guerre acharnée à Gênes. Mais dans certains domaines, les marchands s'assurent un quasi-monopole : Toulouse est maître du pastel et les Allemands dominent à la fois la quincaillerie et la peausserie fine ; ils deviennent inégalables dans le commerce des bottes. La verrerie de Venise n'a pas encore de rivaux sérieux et la laine de Florence se vend toujours très bien. Toutes ces marchandises circulent à travers l'Europe de l'Ouest, en longs convois.

Les commerçants riches deviennent de petits seigneurs, et passent du « pignon sur la rue » à la maison de campagne, voire au château. Les plus riches sont groupés en associations, véritables sociétés capitalistes, telles les sociétés génoises, à parts multiples, celles de la Hanse, ou la grande compagnie de Ravensburg, en Allemagne, qui réunit trois familles de marchands. Associés, les bourgeois du négoce dominent les munici-

L'arrivée de grandes quantités d'or et d'argent en provenance de l'Amérique fait la fortune des commerçants espagnols. Les Grands d'Espagne, les négociants, les armateurs, les officiers de l'armée et de la marine dépensent l'argent sans compter. Les boutiquiers en profitent.

Sur les routes de l'Allemagne du Sud qui, par les cols des Alpes, gagnent l'Italie, le trafic ne cesse jamais. Les caravanes de marchands s'arrêtent le soir dans de vastes auberges. Les hommes se chauffent autour du poêle. Les montures reposent à l'écurie. L'aubergiste réserve à ses clients bonne chère et bon gîte... contre espèces sonnantes. On voit de tout dans les auberges : des négociants, des charretiers, des ecclésiastiques, des officiers et même... des écrivains. Montaigne n'a-t-il pas visité l'Italie au XVIe siècle ? De plus en plus, les Européens bougent.

palités et font la loi dans leurs villes, imposant leurs vues aux « boutiquiers » fripiers, cordonniers, cabaretiers, restaurateurs... Grands et petits, ils ont des intérêts solidaires contre le roi, les seigneurs, le fisc, mais aussi contre le peuple remuant et « maigre », qui fait la grève et ne paie pas ses dettes. Car s'il y a de l'argent, tout le monde ne partage pas ce pactole. D'immenses fortunes se créent dans le monde des affaires, mais la misère frappe souvent encore le peuple. Le luxe, ou tout simplement le confort, n'intéressent qu'un petit groupe de privilégiés.

Dans les villes, les corporations dominent les municipalités. Les maîtres des grandes corporations sont d'importants personnages. Le jour de la fête du saint patron, ils conduisent le cortège de la procession. Ici, les orfèvres parisiens sortent les reliques de saint Marcel.

Les bourgeois hollandais sont parmi les plus riches d'Europe. Ils se font construire de belles maisons à étages. Ils entretiennent des peintres qui aiment à reproduire sur leurs toiles les intérieurs luisants de propreté et les bourgeoises aux riches vêtements.

Les colporteurs anglais, comme ceux du continent, savent tenter leurs riches clientes : ils leur proposent des miroirs en verre étamé au plomb, des rubans, des colifichets, des bijoux bon marché. Les petits miroirs connaissent un très grand succès...

Peste, razzias et révoltes

La grande peste d'Orvieto, en Italie, fait des milliers de victimes. On enterre les morts et les mourants, pêle-mêle, dans des fosses communes. Les riches, croyant que le « mauvais air » donne la peste, s'enfuient dans les montagnes pour échapper au fléau.

Les armées européennes recrutent de plus en plus souvent des mercenaires — les Suisses sont particulièrement renommés — qui font aussi la guerre pour leur propre compte. Malheur aux villages qui se trouvent sur leur passage ! Les mercenaires tuent et pillent.

A Florence, quand les ouvriers se mettent en grève, la municipalité tente de les contraindre par la force à reprendre le travail. Des émeutes en résultent. Les ouvriers prennent les armes, attaquent la milice, pillent les maisons des riches. Les « maigres », comme on les appelle, s'opposent aux « gras ».

De Catalogne ou d'Auvergne, des Apennins ou de Savoie, des paysans descendent vers les villes pour trouver du travail, attirés par les salaires des nouvelles industries. Mal adaptés, mal nourris, logés dans des conditions précaires, ces malheureux s'emploient dans la journée comme débardeurs, porteurs de tonneaux ou de barriques, crocheteurs, balayeurs. Faute de qualification professionnelle, ils ne sont pas engagés dans les métiers. Faute de relations dans la ville, personne ne les prend comme apprentis.

Les plèbes affamées de Lyon, de Milan ou de Paris forment un milieu dangereux, toujours prêt à la révolte dès que vient à manquer le pain et le vin, vivant à l'ordinaire de vols, de pillage, de mendicité. La « graine de potence » erre à Paris près des Halles, à la Cour des miracles, non loin de Notre-Dame. Le guet ne ménage pas les pauvres bougres qui subissent des peines physiques infamantes, comme le fouet ou le pilori.

Quand la misère devient trop grande, les charges trop lourdes, surtout à la suite d'une mauvaise récolte, les paysans se soulèvent. En Allemagne, par exemple, ils s'attaquent aux seigneurs. Pour les soumettre, les nobles mènent contre eux de véritables guerres. Parfois les moines et les curés prennent le parti des pauvres contre les riches abbés et évêques. Mais, la plupart du temps, le pouvoir, qu'il soit politique ou religieux, se venge et les révoltes finissent par des massacres. Matées, les campagnes se calment, jusqu'à la prochaine explosion, jusqu'aux prochaines exactions.

Les villes au contact avec l'Afrique ou l'Asie comptent encore de nombreux esclaves, achetés par les négociants pour être utilisés dans les grands domaines ou comme serviteurs dans les maisons : il y a des esclaves caucasiens ou tartares à Venise, des Nord-Africains à Valence, de très nombreux Noirs à Lisbonne. Ces esclaves ont été achetés sur les marchés d'Orient. Naturellement interdit par l'Église, ce honteux trafic ne cesse pas pour autant et les riches marchands de Venise ou de Lisbonne s'entourent d'une domesticité qui comprend de nombreux esclaves.

Quant aux Turcs, ils font des razzias sur les côtes des Balkans, notamment en Dalmatie et dans les îles grecques, pour enlever des enfants qu'ils emmènent en esclavage.

Les mendiants sont nombreux dans les grandes villes où ils s'entassent par milliers, fuyant les campagnes lors des années de famine. A Paris, notamment, ils peuplent une sorte de quartier réservé non loin de Notre-Dame : la Cour des miracles.

De nouveaux produits pour l'agriculture

Dans l'Europe de l'Ouest où l'or et l'argent coulent à flot, où les seigneurs se font la guerre, les paysans partent à la conquête des terres. Ils obtiennent des meilleurs contrats du sol, parviennent souvent à arrondir leurs champs et à s'enrichir : les prix montent sur les marchés des villes dont la population augmente.

Des terres nouvelles sont gagnées aux cultures : le roi Henri IV fait assécher les marais insalubres du Poitou, d'Aunis, de Gascogne ; des Italiens repeuplent les villages abandonnés ; des Allemands s'installent dans la région d'Avignon ; Bretons et Vendéens viennent louer leurs bras dans les plaines de Beauce ou de Brie. Les gens du Limousin et d'Auvergne, trop nombreux sur leurs terres, partent à la conquête du Bordelais. La terre cultivée monte sur les collines de Toscane et les Siennois attirent sur leurs friches les montagnards des Apennins.

Les cultures riches sont les plus favorisées : la vigne gagne à Cadix, Porto, dans le Bordelais, en Bourgogne et en Champagne. Les bourgeois, qui ont acheté le vignoble, spéculent sur les vins comme sur les blés. Ceux de Suède vendent leur bière, améliorant les rendements en seigle et en orge. Les « routes aux bœufs » du Danemark voient cheminer dix mille bêtes d'un coup vers les marchés du Rhin. Les Anglais entourent déjà leurs champs de clôtures pour élever des moutons gras et laineux. En Espagne, ceux-ci transhu-

La « charrue tourne-oreille », avec son double soc en fer et son double versoir, augmente sensiblement le rendement des labours en sol profond. On ne l'utilise vraiment que sur les riches terres à blé du Nord de la France, de Flandre et d'Allemagne rhénane.

ment du nord au sud, ruinant les cultures sur toutes les terres de l'intérieur. Une aristocratie de paysans riches se constitue en Angleterre, en France, en Allemagne de l'Ouest : les riches agriculteurs achètent les terres et parfois les châteaux.

Heureux les paysans de l'Ouest, leur vie change, grâce à l'argent. Autour des villes, les cultures maraîchères se développent. Il n'en est pas de même dans l'Europe du Centre ou de l'Est où les villages croupissent dans la misère. Le servage devient plus dur, car le seigneur veut tirer un profit maximum de ses terres. Il ne ménage pas ses manants et, quand ils se révoltent, comme en Allemagne, il lance contre eux de sanglantes expéditions punitives.

Après la récolte, les paysans dansent au son de l'épinette. Au fond du pré, une ligne de peupliers. Ces arbres, importés d'Italie et peut-être d'Amérique, commencent à être plantés dans les lieux humides, le long des rivières et des ruisseaux.

Les navigateurs des « grandes découvertes » rapportent en Europe des animaux inconnus ou peu connus. Du Mexique viennent les dindons, importés par les Espagnols ; d'Afrique reviennent les pintades, sur les navires des Portugais. On les avait oubliées depuis l'Antiquité.

Les Arabes avaient cultivé en Espagne des plantes inconnues en Europe, qui devaient connaître un grand succès à partir du XVᵉ siècle : l'artichaut, le melon et le chou-fleur. Le maïs, importé d'Amérique, s'acclimate d'abord autour de la Méditerranée.

En grand équipage, un bourgeois fortuné visite le château d'un noble ruiné, qui ne peut plus entretenir son bien. Les paysans lui versent des revenus en argent dévalués par la hausse des prix. Le bourgeois achètera le château, et ses enfants demanderont plus tard à être anoblis.

Les maîtres de la mine

A Kutna Hora, dans les montagnes de Bohême, l'exploitation des mines d'argent commence au XVIe siècle. Le minerai précieux est entassé dans de lourds wagonnets que des hommes font rouler sur des rails de bois, puis monté jusqu'à la surface par des bennes tirées à l'aide de poulies. Les convoyeurs, ainsi que les mineurs, portent un

En Belgique, dans les mines de charbon, on sort le minerai du puits d'exploitation en utilisant la traction animale : ces chevaux sont attelés à un treuil qui monte les bennes des galeries du fond. Le charbon alimente les forges toutes proches.

vêtement complètement blanc, car l'obscurité, au fond des galeries, est presque totale.
L'argent tiré des mines de Kutna Hora permet notamment de frapper les monnaies impériales.

Avec frénésie, l'Europe fait l'inventaire de ses ressources minières et commence à les exploiter : le plomb et le fer valent l'or et l'argent.

Un savant allemand, Georgius Agricola, écrit le premier livre au monde consacré aux techniques minières. Des sommes énormes sont investies par les banquiers allemands et italiens dans la recherche de nouveaux gisements. Les résultats sont spectaculaires.

Dans la principauté de Liège, on trouve un gîte de houille si important que Liège devient le premier producteur du monde. On emploie le charbon dans les hauts fourneaux de la vallée de la Meuse. Le paysage liégeois compte déjà plus de terrils que de clochers. Le bassin produit 50 000 tonnes par an. Cet exemple stimule les Anglais qui méprisaient leur charbon : ils deviennent gros producteurs.

Les Suédois et les Hongrois exploitent le cuivre. Les mines de Hongrie fournissent aussi de l'argent, produit

Dans la Ruhr, on extrait aussi la houille. Des villages de mineurs s'installent sur le bassin minier. L'exploitation demeure artisanale. Des forgerons spécialisés réparent sur place, dans de petits ateliers, les outils de forage encore très rudimentaires.

par les Fugger. Elisabeth Ire fait venir des techniciens allemands pour exploiter chez elle le cuivre et le zinc, et pour fabriquer le laiton. Les Allemands façonnent d'énormes cloches en bronze avec le cuivre et l'étain qu'ils tirent de leur sol. Les artisans de Cornouailles et du Devon fournissent toujours l'Europe en étain.

Le travail dans les mines, très dur, utilise une main-d'œuvre souvent servile. Les puits de charbon en Angleterre sont exploités par les gens du village, mais ce n'est pas le cas dans les grands bassins de Liège ou d'Allemagne. De véritables esclaves travaillent dans les mines de Hongrie.

Il y a cependant des progrès techniques, qui épargnent la souffrance et la peine des hommes : le wagonnet sur rails en bois, les pompes à eau, les instruments de levage et de transport, de tamisage du minerai. Les Allemands sont passés maîtres dans cette « technologie » de la mine qui fait d'incessants progrès. Dans ce domaine, la technique précède bien souvent la recherche scientifique.

Comment évacuer l'eau qui envahit parfois les mines ? Cette machine y répond. Il s'agit d'une pompe constituée de deux énormes roues qui tournent en sens inverse l'une de l'autre. Il suffit d'ouvrir l'une des deux vannes pour les mettre en marche, dans un sens ou dans l'autre.

Les mines de cuivre, de plomb et d'argent sont nombreuses en Europe centrale. On attaque les blocs de minerai avec des outils primitifs : masses, marteaux, barres de fer, coins de bois. On supplée à l'absence de matériel lourd par une main-d'œuvre très nombreuse.

Les ouvriers du feu

Dans la région de Liège, les premiers hauts fourneaux fonctionnent dès le XVe siècle. Ils sont alimentés avec du charbon de bois. Le métal en fusion est refroidi, à la sortie du four, par l'eau des cours d'eau que déversent des roues à aube.

L'industrie lourde voit le jour à Liège où, dès le XVe siècle, le haut fourneau crache la fonte. Cette invention liégeoise aura des conséquences incalculables pour l'Europe.

De Liège, cette métallurgie nouvelle gagne la France d'où elle se répand en Angleterre, avec l'assistance technique d'ouvriers français. Les hauts fourneaux anglais fonctionnent d'abord au bois et se déplacent constamment de forêts en forêts. Mais la houille remplace peu à peu le bois, car les mines se développent et leur production s'accroît sans cesse.

Les hauts fourneaux deviennent de plus en plus importants et, bientôt, des souffleries actionnées par des machines hydrauliques permettent d'augmenter les rendements. Au début du XVIe siècle, un haut fourneau sort environ 1 200 kilos de fonte par jour. Apparaissent alors de vastes fonderies, où la fonte est travaillée par martelage, quand elle n'est pas moulée directement à la sortie du four.

Les débouchés des hauts fourneaux demeurent encore modestes, même à Liège, et les forgerons, qui sont en même temps mineurs ou charbonniers, ne s'y emploient qu'une partie de l'année. Pourtant, en Allemagne, en Suède, en Angleterre, de grandes sociétés implantent des fabriques près des hauts fourneaux, notamment des laminoirs et des tréfileries, pour produire, d'une façon encore artisanale, des tôles et des fils métalliques.

Pour obtenir une plus grande chaleur dans les fours, on construit des soufflets géants actionnés par la force hydraulique. Les industries métallurgiques doivent toujours s'installer à proximité d'une rivière. Le minerai n'est jamais loin non plus.

D'autres fonderies s'installent en Bohême et en Allemagne sous l'impulsion des Fugger, pour traiter le cuivre, en extraire l'argent, fabriquer le bronze, le laiton. Le soufre, l'alun, le salpêtre sont aussi exploités industriellement. De grandes fabriques produisent le verre et la porcelaine. Enfin les grandes nations militaires européennes mettent en place des fonderies de canons, d'où sortent des pièces énormes en bronze ou en fonte car, depuis Marignan, l'artilleric est devenue une force décisive, qui donne souvent la victoire.

Les Vénitiens sont les grands spécialistes de la fabrication du verre. Ils installent d'immenses verreries où travaillent durement des hommes et parfois de tout jeunes gens. Ici les verriers fabriquent le verre plat qui servira à fabriquer les vitres dont la diffusion commence. Ils sortent du four la pâte de verre en fusion et la tournent très rapidement sur un axe. La force centrifuge la transforme en plateau plat. Pour refroidir la pâte, on la dépose sur un lit de sable fin. Le verre de Venise, très recherché, se vend dans toute l'Europe, alimentant ainsi un commerce florissant.

Les plats émaillés, richement décorés et sculptés, apparaissent de plus en plus souvent dans les vaisseliers des grandes maisons. Ils remplacent la vaisselle de métal et coûtent fort cher, surtout quand ils sont décorés par de véritables artistes.

Artisans et métiers d'art

Les Lyonnais découvrent en Italie les secrets de la soie, que les Italiens étaient eux-mêmes allés chercher jusqu'en Chine. Dans cette magnanerie de la vallée du Rhône, les femmes dévident le fil du cocon placé dans l'eau chaude pour qu'il ne casse pas.

Les traditions d'art se maintiennent dans les villes, et même, grâce au commerce international, se renforcent quelquefois. A Florence, les orfèvres du Ponte Vecchio (le vieux pont) travaillent dans leurs échoppes sous le nez des passants. Ils s'inspirent des œuvres des peintres et des sculpteurs pour ciseler les motifs des bijoux ou des pièces d'orfèvrerie qui se vendent ensuite dans toute l'Europe, tant est grande la réputation des artisans toscans. Florence est également célèbre pour ses étoffes brodées et ses fabriques de meubles d'art, aux riches marqueteries.

Les premières grèves industrielles datent du XVIe siècle. Partout où les ouvriers se concentrent, dans le textile, dans l'imprimerie, dans la métallurgie, ils s'assemblent pour obtenir de meilleures conditions de travail. Les grèves tournent parfois aux affrontements violents, notamment à Lyon, chez les imprimeurs, ou à Florence, dans le textile. Les ouvriers ne sont pas représentés dans les municipalités ni même dans les corporations. Bien souvent, ils travaillent à domicile, et le patron les paie aux pièces, sans garantie, sans possibilité de discussion. Les soyeux, les lainiers vivent isolés et dépendent totalement du mouvement des prix. Lorsqu'ils baissent, les salaires diminuent aussi, et les conditions de vie deviennent très dures.

Les ouvriers qui travaillent comme compagnons dans les innombrables petits ateliers urbains sont plus heureux. Le milieu artisanal les protège. Les gens d'une même profession habitent souvent la même rue, le même quartier : rue des Orfèvres, rue des Cordonniers. L'entraide existe vraiment entre maîtres et compagnons, qui vivent la même vie, dans la même maison. Les corporations sont en même temps des confréries religieuses, pratiquant la charité, condamnant la concurrence. Un boulanger ne peut vendre son pain moins cher que le voisin. Enfin, dans le cadre des corporations, le travail est assuré pour tous, même si les compagnons n'ont pas grand espoir de devenir « patrons ».

Le savoir-faire domine les corporations traditionnelles, et fait la prospérité des villes où s'imposent certaines spécialités artisanales : le velours de Gênes richement travaillé, ou le cuir de Cordoue, ou encore les armes de Tolède, qui se vendent dans toute l'Europe chrétienne et même parfois au-delà, chez les musulmans...

Les lunettes, jusqu'alors très rares et coûteuses, se répandent en Europe. D'habiles opticiens, notamment dans les Pays-Bas, savent tailler et polir des lentilles de toutes les formes. Ils leur donnent des montures légères, sans branches, en métal précieux.

L'Angleterre du XVIe siècle fournit du bois de qualité, chêne et hêtre surtout, aux innombrables menuisiers et ébénistes des grandes villes. Les meubles du XVIe siècle anglais, richement décorés, ornent les intérieurs bourgeois comme les palais des grands seigneurs.

L'Italie demeure, avec les Flandres, la patrie du textile. Le velours de Gênes, la soierie de Milan, les tentures damassées de Venise et les laines et draps de Florence alimentent les grands marchés d'Europe. Les ouvriers travaillent soit dans de grandes fabriques, soit à domicile.

Les enfants de Gutenberg

L'invention de Gutenberg révolutionne l'Europe. Pendant tout le siècle, les imprimeries se multiplient. Les fabriques de pâte à papier alimentent les grandes maisons, telle celle des Plantin, à Anvers, qui groupe 100 ouvriers et 24 presses. Mais l'industrialisation n'est pas la règle, et le métier d'imprimeur demeure essentiellement artisanal, même s'il nécessite souvent l'achat d'un matériel coûteux.

Le prote, compagnon devenu contremaître par son travail et ses connaissances, fait généralement son apprentissage dans plusieurs imprimeries européennes. Il sait parfois lire et écrire le latin et le grec, et souvent plusieurs langues nationales. Il est chargé de diriger le travail des compagnons, de relire et corriger les épreuves, de surveiller les machines. Les travaux plus délicats sont réservés aux « compagnons de conscience ».

A Genève et à Lyon comme à Anvers, les journées de travail durent de 12 à 14 heures. Un pressier tire chaque jour 3 350 feuilles, soit une feuille toutes les 15 secondes ! Les compagnons bénéficient d'un certain prestige ; pratiquant un métier « noble », ils ont le droit de porter l'épée ou le poignard au côté. Ils se mettent assez facilement en grève pour protester contre les salaires, souvent très bas.

Les imprimeurs ont conscience de servir le développement des idées nouvelles ; ils sont les amis des

Pour imprimer les livres, les ouvriers de la Renaissance fabriquent les caractères en coulant le plomb en fusion dans des moules. Le plomb vient surtout des mines d'Allemagne. Les caractères s'améliorent constamment, imitant de moins en moins les caractères gothiques des manuscrits.

humanistes et parmi les premiers militants de la Réforme. Certains auteurs connaissent d'ailleurs un très grand succès : Rabelais, par exemple, ou Érasme.

Les deux cents libraires parisiens vendent parfois sous le manteau les ouvrages des humanistes ou des nouvelles imprimées, ancêtres des journaux. On imprime aussi des pamphlets très irrévérencieux pour les rois, et même des placards appelant à la révolte.

L'influence des textes imprimés devient appréciable, même si les peuples européens restent largement illettrés. Il y a toujours dans les bourgs ou les villages quelqu'un pour lire les placards ou les nouvelles ; les idées se répandent ensuite de bouche à oreille.

Les moulins à papier d'Auvergne utilisent des techniques ingénieuses ; l'eau de la rivière entraîne une roue à cylindre hérissée de taquets de bois soulevant des maillets qui réduisent en pâte des chiffons mouillés et bouillis. La pâte s'affine en passant de cuve en cuve.

Certains livres, surtout ceux de médecine ou de science, contiennent déjà des illustrations en grand nombre. Ces illustrations sont gravées sur des plaques de cuivre, ensuite enduites d'encre et pressées entre deux cylindres. La roue de la presse est dure à tourner !

Les imprimeurs, très souvent, vendent eux-mêmes les livres qu'ils fabriquent. En ces temps de guerre de Religion, les livres saints rencontrent la faveur du public. Mais on édite aussi Rabelais, Montaigne et le Hollandais Érasme. Les livres, reliés pleine peau, coûtent fort cher. Les amateurs européens apprécient les imprimeurs allemands ou hollandais. Mais les lecteurs sont encore rares ; les impressions destinées au grand public ne dépassent guère 2 000 exemplaires dans le meilleur des cas. Déjà, des artistes très célèbres illustrent certains ouvrages.

Des colporteurs vendent les livres dans les petites villes, les bourgs et même les villages. Pour attirer le public, ils collent sur les murs des affiches proposant, aux habitants sachant lire, la Bible ou le Nouveau Testament, des almanachs, etc.

Les rigueurs de l'éducation

A Bâle, en Suisse, un instituteur et sa femme ont fondé une école privée, payante, pour les enfants et les adultes. Ils ont pignon sur rue et une enseigne précise que « le bourgeois et l'artisan peuvent profiter, pour un prix raisonnable, des leçons du maître d'écriture, de lecture et de calcul ».
Même à l'école payante, le maître châtie durement les enfants qui travaillent trop lentement et ne montrent pas assez d'application. En fait les leçons sont chères et s'adressent à la clientèle aisée qui peut s'offrir cet enseignement.

Les artistes bien dotés en commandes engagent, comme aides, des enfants qui apprennent le métier sous ses aspects les plus artisanaux : ils broient les couleurs, délaient les pâtes, préparent les fonds pour les tableaux. Quelques années plus tard, ils deviendront compagnons.

Les filles et les garçons restent jusqu'à l'âge de sept ans entre les mains de leurs parents, ensuite l'Église se charge de leur éducation. Celle-ci est toujours très dure. Même un sage comme Montaigne recommande la sévérité dans l'éducation ; l'enfant doit se lever et se coucher tôt, ne pas élever la voix dans la maison. Il mange en bout de table et avant de s'asseoir s'incline devant son père qu'il appelle « Monsieur ». Dans la rue, les filles doivent garder constamment les yeux baissés. Parfois, cependant, elles sont libres de leurs jeux, telles ces jeunes filles patinant sur la glace (pp. 84-85).

A sept ans, les filles des classes aisées sont envoyées au couvent. Elles en sortent sept ou huit ans plus tard pour apprendre qu'on les a mariées à un homme peut-être beaucoup plus âgé qu'elles. Quant aux garçons de bonne famille, ils sont livrés aux « gouverneurs » qui leur donnent un enseignement dans la maison familiale ou les accompagnent à l'Université. Jusqu'à neuf ans, les enfants sans précepteur fréquentent les écoles de paroisse.

Les maîtres italiens ne sont pas tendres pour les chahuteurs ! Ils n'hésitent pas à quitter leur chaire pour saisir une poignée de verges et punir le perturbateur de la classe. Les parents trouvent ces châtiments normaux. Ils battent eux-mêmes leurs enfants.

La vie au collège universitaire est sévère ; on se lève à quatre heures, on entend la messe tous les matins, et on travaille jusqu'à la fin du jour. Il n'y a guère de chauffage et la nourriture est mauvaise. Le latin et le grec s'enseignent au besoin à coups de fouet. Les écoliers vont ensuite dans les facultés de droit, de médecine, de théologie ou des « arts libéraux ».

Les universités européennes ont alors des maîtres de premier plan qui suscitent l'admiration et l'enthousiasme de leur public. Il n'est pas facile d'être admis dans une université, ceux qui ont ce privilège, souvent comme valets de jeunes nobles, entendent profiter au maximum de leurs études.

Les étudiants turbulents des universités rhénanes, italiennes et françaises, devenus maîtres à leur tour, transmettent l'enseignement qu'ils ont reçu des premiers humanistes.

Les villes allemandes du Rhin abritent des universités renommées où viennent étudier les jeunes gens de toute l'Europe. Le maître, toujours un religieux, parle d'une chaire. Les élèves, pour l'écouter, revêtent une tenue spéciale qui change après chaque classe.

Dans les rues de Heidelberg, les bourgeois ne dorment pas tranquilles tous les soirs. Les étudiants, ivres de bière ou de vin du Rhin, se répandent souvent dans les rues en chantant des chansons de corps de garde tout en agitant des clochettes.

Les femmes : de la soumission à la révolte

Les femmes de Venise ne sont pas toujours naturellement blondes. Pour obtenir le fameux « blond vénitien », elles se décolorent les cheveux et les exposent au soleil en se coiffant de chapeaux de paille, à la calotte découpée, qui protègent la blancheur de leur teint.

Fiancée à sept ans ! Mariée à treize ! Tel est souvent le sort de la petite Européenne, noble ou paysanne. L'intérêt guide les mariages, et pour le père de famille les enfants représentent un bien qu'il faut gérer adroitement, pour arrondir son domaine.

Les pères n'hésitent pas à séquestrer leurs enfants pour empêcher les mariages dont ils ne veulent pas. Et si, malgré tout, les jeunes gens se marient sans le consentement des parents, ceux-ci dépossèdent leur fils ou enferment leur fille au couvent.

Mariées, les femmes deviennent les « humbles servantes » de leurs maris. Elles leur parlent souvent à la troisième personne, les servent à table. Les paysannes ne mangent pas avec le maître, elles se tiennent debout derrière lui, ou assises près de l'âtre. Le mari vérifie les comptes de la maison, engage ou congédie le personnel. Il peut battre sa femme et même la faire enfermer.

Il est vrai que tous les pays d'Europe ne connaissent pas ce niveau de brutalité dans les mœurs. Dans les villes flamandes ou italiennes, plus civilisées, la condition des femmes s'améliore. Elles se marient moins jeunes ; vingt ans en moyenne à Florence. Leurs maris les respectent et leur enseignent l'économie, la bonne gestion, l'épargne. Dans les ménages bourgeois, elles deviennent les associées naturelles de l'homme. Quant aux femmes de la noblesse, elles n'appliquent pas toujours à la lettre les habitudes de leurs milieux. Elles imposent aux hommes les douceurs de la civilisation, dominent les cours par leurs intrigues ou leurs capacités ; certaines, comme Elisabeth Ire ou Catherine de Médicis, sont des souveraines respectées. Les femmes du peuple ne manquent pas de tempérament et celles de la noblesse guerroient parfois au côté des hommes dans les guerres de religion.

A Florence, les femmes n'hésitent pas à suivre Savonarole et jettent au bûcher étoffes précieuses, postiches et même bijoux ou tableaux. Ce moine, en voulant faire régner une dictature de la vertu, trouve auprès d'elles des alliées.

Filer la laine est une occupation, un jeu de société pour les bourgeoises oisives dont les maris occupent une belle position sociale. Avec la laine filée de leurs mains, elles fabriquent elles-mêmes des tapisseries pour décorer les murs de leurs maisons.

Des religieuses ou des femmes rétribuées par les communes assurent les soins dans les hôpitaux. Les maisons sont mal chauffées et les gens souffrent souvent des poumons. Dans les Flandres, on pose des ventouses aux malades atteints de bronchite ou de pleurésie.

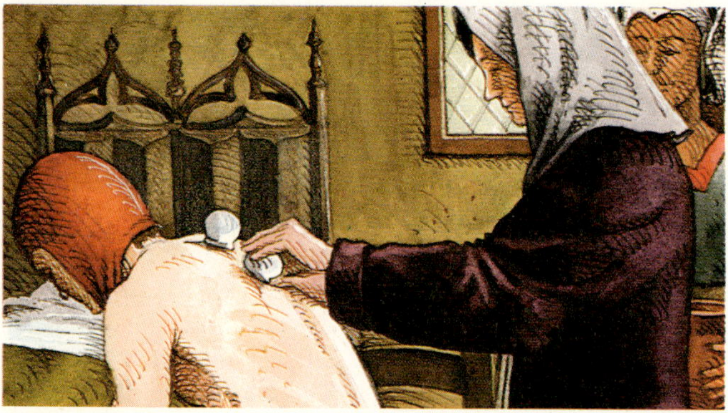

L'Italie, alors le pays des arts et de la douceur de vivre, abrite des cours princières au luxe éblouissant. Les dames sont les premières à en profiter ; leurs suites nombreuses de jeunes femmes aux riches coiffures, à la gorge ornée de bijoux, les aident à filer la laine, à broder les belles étoffes avec des fils d'or et d'argent, à donner des concerts de musique sur des instruments délicats, la viole, la flûte, la harpe. Comme les peintres, les maîtres de musique ne manquent pas de riches clientes et font fortune à Ferrare, à Florence, à Naples ou à Mantoue.

En Hollande, les femmes accouchent sur une chaise spéciale. Seules les sages-femmes et les femmes de la famille peuvent aider l'accouchée, qui n'enlève pas sa robe. Les hommes sont tenus à distance, même les médecins. Nombreuses sont les victimes de ces accouchements sans soins.

Les maîtres de la foi

La foi des gens est immense et naïve, à la mesure de leurs terreurs. Les nuits d'été, les paysans montent la garde, pour empêcher l'incendie des récoltes sur pied. Les sorciers n'ont-ils pas le pouvoir de précipiter la foudre et d'attirer les éclairs ? Une étincelle peut réduire tout un village à la famine. De peur d'être soupçonnés, les mendiants, les vagabonds, les « chemineaux » se cachent.

La peste a-t-elle fait son apparition dans un port ? La panique s'empare de la foule qui cherche refuge dans l'église, prie, chante des cantiques, improvise des processions.

La religion imprègne profondément les actes de la vie quotidienne. Les moines sont présents dans toutes les villes, dans toutes les rues. Les ordres sont nombreux ; il y a des bernardins, des augustins, des mathurins, des moines mendiants, des moines prêcheurs. A Florence, Savonarole révolutionne la ville en prêchant contre le luxe. Il fait régner sur la cité une véritable dictature. Il sera pendu et brûlé quelque temps plus tard, lorsque ses excès finiront par déclencher la colère des Florentins.

Il y a dans les villes infiniment plus d'églises que d'hôpitaux. Elles sont toutes très fréquentées. Le curé donne aux femmes l'eau et le pain bénits qui chassent le diable des maisons, éloignent les calamités, détruisent les rats. Le clergé vend les reliques des saints sous forme de poudre et de potion pour les maladies...

Les Conquistadores se considèrent comme les missionnaires de l'Église catholique. Même s'ils recherchent la route des Indes pour trouver de l'or et des épices, ils n'oublient jamais les devoirs religieux, que les rois d'Espagne et du Portugal leur rappellent constamment ; les indigènes sont baptisés, la plupart du temps de force. Des églises sont construites dans les sites favorables des Antilles, des côtes d'Amérique du Sud et des Indes, même s'il n'existe pas de villages. Bientôt, les colons arrivent, créent des plantations et installent des esclaves.

On croit à Dieu, mais surtout au Diable... qui peut s'incarner sous la forme « d'un jeune homme vêtu de noir », d'un singe ou d'un hibou... [illegible]porte qui risque, sans le savoir, d'être possédé d[illegible] démon. En disposant de la faculté d'exorciser, l'Église exerce donc sur la population un immense pouvoir. On brûle comme sorcières des femmes atteintes de troubles mentaux ou nerveux. On accuse les sorciers de tous les maux : ils peuvent provoquer des avortements, répandre les maladies, tuer le bétail, rendre les vaches stériles, etc.

L'Inquisition dresse ses bûchers pour détruire les alliés du diable, et pas seulement en Espagne. Un magistrat lorrain se vante d'avoir fait périr 800 sorcières par le feu !

Les papes ne passent pas alors pour des saints ou pour des apôtres toujours en prières. D'abord seigneurs italiens, ils n'hésitent pas à faire la guerre, à engager des condottieri. Jules II, le pape-soldat, revêt la cuirasse et accompagne lui-même ses troupes.

Les maladies, les épidémies font souvent croire au démon, auquel on attribue les plaies dont souffre l'humanité. Certaines maisons sont réputées « habitées du démon ». La cérémonie de l'exorcisme a pour but de chasser le diable en aspergeant les lieux d'eau bénite.

Les baptêmes russes ont leur cérémonial. On plonge l'enfant dans une cuve d'eau tiède. Deux cierges en croix sont allumés au moment où le pope dit les prières d'usage. Les Russes manifestent un immense respect pour les cérémonies religieuses.

Pendant très longtemps, dans certaines régions, les morts sont mis en terre sans cercueil. Ils traversent le village, portés sur un brancard, enveloppés dans un seul linge ou linceul. Les parents du défunt se chargent du transport jusqu'au lieu de sépulture.

Des chrétiens contestataires

En un siècle la moitié de l'Europe bascule dans la contestation religieuse ; la « Réforme » a eu raison de l'unité de l'Église. Il y a désormais en Europe trois catégories de chrétiens : les catholiques romains, les protestants, et les orthodoxes de l'Est, qui ne reconnaissent pas la supériorité du pape de Rome. « Papiste, antéchrist, bête romaine ! » C'est ainsi que les protestants appellent les catholiques. Tout a commencé au début du siècle, quand un moine allemand nommé Luther s'est opposé à la papauté. Les paysans accablés de taxes, croyant l'heure de la liberté arrivée, se sont révoltés contre leurs seigneurs... A la même époque, en France, sur le parvis de la cathédrale de Meaux, l'évêque Briçonnet accueille les contestataires et dénonce les fausses images de la foi romaine. Les nouvelles doctrines vont bon train dans Paris, répandues par les imprimeurs, les bourgeois et quelques nobles.

Pour la première fois, les réformés français se retrouvent dans un lieu public. Pendant longtemps le culte était interdit, clandestin, ou limité aux maisons privées. Ce « temple » n'a pas d'autel mais seulement une chaire, comme dans les universités ; les fidèles sont assis tout autour. A dessein, les protestants ont éliminé toute décoration, toutes statues ou images de Dieu. Le prédicateur monte en chaire pour lire la Bible, prononcer un sermon ou chanter des psaumes. Selon les pays, les prêches se font en français, en allemand, en anglais, et non en latin.

Les bourgeois acquis à la réforme changent de style de vie, d'habitudes. Les femmes n'affichent plus le luxe dans leurs vêtements ou leurs parures ; elles s'habillent sobrement, comme leurs maris. Pour ces bourgeois luthériens, en Allemagne, simplicité et austérité sont de rigueur.

Certains trouvent commode d'accueillir la religion nouvelle, pour se libérer de la tutelle du pape ; ainsi le roi d'Angleterre Henry VIII crée sa propre Église. Des villes, dans un espoir de libération, accueillent les persécutés ; Genève, avec Jean Calvin, devient une République religieuse. Les nouveaux cultes s'organisent au grand jour dans les pays acquis au protestantisme, en secret dans les royaumes qui restent catholiques. La foi très vive du peuple passionne les débats, les transforme en guerres inexpiables.

Un Français sur dix est acquis à la religion calviniste qui méprise les saints et le clergé de Rome ; n'a-t-il pas l'audace de vendre au peuple des jours de paradis, les célèbres « indulgences » ?

Le culte des saints n'est-il pas un prétexte pour les pratiques superstitieuses et la vente des cierges, ex-voto et autres médailles pieuses ? Les protestants, en réclamant une foi plus authentique, provoquent en Europe une profonde crise.

En Angleterre comme en France, les protestants sont persécutés. Sous le règne de la reine Marie on les arrête à leur domicile. Ils sont conduits en prison la corde au cou, et parfois exécutés. On leur coupe la langue pour qu'ils ne puissent pas, en mourant, chanter des psaumes.

Certaines statues décapitées de nos églises sont des victimes des guerres de Religion. Les protestants prennent des marteaux pour détruire les « images de l'idolâtrie » dans les églises. Ils martèlent les statues représentant la Vierge et les saints, particulièrement aux Pays-Bas où la foi protestante est très vive. Les réformés accusent le clergé romain d'entretenir sa puissance financière en abusant de la foi naïve des pauvres gens, persuadés qu'en versant leurs oboles dans les troncs des saints, en achetant des « indulgences », ils gagnent le paradis.

Médecins et guérisseurs

Un homme malade au XVIe siècle ne sait pas très bien s'il doit s'en remettre à un médecin ou au sorcier le plus proche. S'il est malade, c'est qu'il est victime d'un mauvais sort. Sa guérison relève de la magie ou de l'exorcisme. Un prêtre peut, par une cérémonie appropriée, chasser le démon de son corps. Les médecins des villes, quant à eux, sont réputés impuissants, cuistres, cupides et bavards. Florence, autour de 1500, abrite 70 médecins. En cas d'épidémie, ils sont parfois les premiers à se sauver. Pour soigner les maladies bénignes, ils recommandent le chou, les tisanes, les plantes médicinales que prépare l'apothicaire. On les accuse d'être responsables de la mort de Machiavel, qui avala avant de trépasser des pilules à base d'aloès et de cardamome...

Si la médecine a ses escrocs et ses charlatans, elle a aussi ses savants ; en France le chirurgien Ambroise Paré invente la ligature des artères qui, après l'amputation d'un membre, remplace la cautérisation au fer rouge. Il balaie les superstitions de ses collègues, qui attribuent des vertus magiques aux larmes de cerfs pétrifiées, aux langues de serpents macérées et aux cornes de licornes pilées.

Les médecins les plus savants croient à l'astrologie, aux saints guérisseurs ; saint Quentin est censé guérir la toux et saint Antoine les démangeaisons... Par contre les plantes authentiquement curatives entrent aussi dans l'arsenal des pharmaciens.

La médecine compte plus de charlatans que de savants, mais ces derniers font progresser les connaissances, même s'il est difficile de discerner la science de la magie. Pour cent arracheurs de dents qui travaillent dans les foires, un dentiste sérieux réalise à Paris les premières prothèses.

Les médecins italiens tentent d'atténuer la souffrance des malades, et ne considèrent plus les blessés des champs de bataille comme des victimes bonnes à tout supporter. Au lieu de cautériser les plaies au fer rouge, ce médecin emploie un onguent de sa fabrication.

Lentement la médecine se dégage de l'ignorance et de la magie. Et si les dissections sont interdites par l'Église, certains savants n'hésitent pas à braver la loi. Profitant de la nuit, ils vont chercher des cadavres de malfaiteurs jusque sur les gibets.

Dans les Pays-Bas, où les idées nouvelles sont bien accueillies, les séances de dissection sont autorisées. Au lieu d'enseigner l'anatomie en partant des vieux textes des Anciens, les maîtres en médecine l'étudient, avec leurs disciples, sur des cadavres. Cette pratique, pourtant indispensable, est interdite par l'Église dans la plupart des universités européennes. Au début du XVIe siècle, on considère encore qu'il s'agit là d'un véritable sacrilège. Mais peu à peu, les dissections deviendront courantes, et feront faire de grands progrès à la médecine.

Nous savons bien aujourd'hui que la digitale soigne les maladies de cœur, que le tilleul est bon pour les nerfs et la queue de cerise pour les reins ; les guérisseuses de la Renaissance le savent aussi, et connaissent les vertus curatives des plantes.

Il n'est pas toujours facile d'être médecin et d'échapper à l'accusation de sorcellerie. Si le médecin guérit trop, c'est un sorcier ! S'il ne guérit pas, c'est qu'il est possédé du démon ! Beaucoup de serviteurs de la science sont ainsi victimes de l'intolérance des gens, et parfois arrêtés.

Les idées dangereuses

Dans la société européenne, les intellectuels sont souvent suspects. On brûle encore des savants, tout comme on emprisonne les étudiants trop turbulents, on surveille les cabarets où se retrouvent musiciens et poètes.

Il faut comprendre que les intellectuels ont de quoi inquiéter les autorités. Les maîtres des universités ou « lecteurs » sont souvent des errants, qui passent d'une université à l'autre, d'un pays à l'autre, sans se fixer, enseignant le droit, la médecine, la philosophie, les langues, la « rhétorique ». En Italie, payés non par l'Église mais par les villes et plus libres dans leurs démarches, ils ressuscitent les auteurs de l'Antiquité. A Florence, Marsile Ficin traduit Platon, le philosophe grec, tout en essayant de concilier sa pensée avec les grands principes du catholicisme.

Le développement de l'imprimerie encourage les vocations. Désormais les élèves des universités peuvent consulter les livres dans les bibliothèques qui se multiplient et lire Érasme aussi bien que Platon. Ils connaissent et répandent les idées « dangereuses », celles des « humanistes » qui veulent faire confiance à la nature, à l'homme, au progrès, et apporter plus de liberté et de vérité dans les relations humaines. Inévitablement ces « humanistes » se heurtent aux autorités religieuses qui les accusent d'hérésie. En France, Pic de la Mirandole, le célèbre savant italien qui connaîtt le latin, le grec, l'hébreu et l'arabe, et a soutenu plus de quatre cents thèses, est enfermé comme hérétique.

La science du Moyen Age est artisanale. Les chimistes et les physiciens construisent cependant de véritables ateliers où ils se livrent à leurs expéricences, parfois hors des villes pour échapper à la curiosité et à l'accusation de sorcellerie. Les savants se ruinent généralement pour leurs recherches.
Les princes ne subventionnent que les travaux les plus rentables, ceux qui portent sur les explosifs, les machines de guerre ou sur les teintures, et peuvent ainsi déboucher sur des applications pratiques. Certains s'intéressent aux alchimistes qui leur promettent de fabriquer de l'or.

Et pourtant les princes éclairés d'Europe ont un immense respect pour les savants ; Laurent de Médicis attire à sa cour de nombreux philosophes et poètes qui collectent les manuscrits grecs, les transcrivent pour les faire imprimer. Il encourage non seulement la littérature mais aussi la science, tout comme François Ier qui, pour concurrencer la Sorbonne, trop traditionnelle à son gré, fonde le très libre « Collège de France », rendez-vous des humanistes...

Ceux-ci ont leurs mécènes comme ils ont leur public ; la bourgeoisie lettrée d'Europe achète leurs livres, imprimés par des éditeurs courageux. A l'image des princes, elle prend goût également à la poésie et à la musique.

Génial, Léonard de Vinci vient de construire une aile en bois et voilage, pour permettre à l'homme de voler. Les nervures sont actionnées par une manivelle. Hélas ! Malgré l'ingéniosité du grand maître, cette machine ne permit pas à l'homme de s'élancer dans les airs.

Les villes et les universités prennent l'habitude de faire construire des bibliothèques. Les étudiants et le public peuvent y consulter tous les ouvrages imprimés, du moins ceux qui, dans les pays catholiques, ne sont pas « mis à l'Index » (interdits) par l'Église.

Les poètes de cour n'ont plus aucun mal à se faire entendre des nobles et des rois. Ceux-ci, au contact de la civilisation italienne, veulent connaître, à l'exemple des Médicis, la musique ou la poésie. Cela permet à un Marot, à un Ronsard, de vivre des bienfaits de la cour.

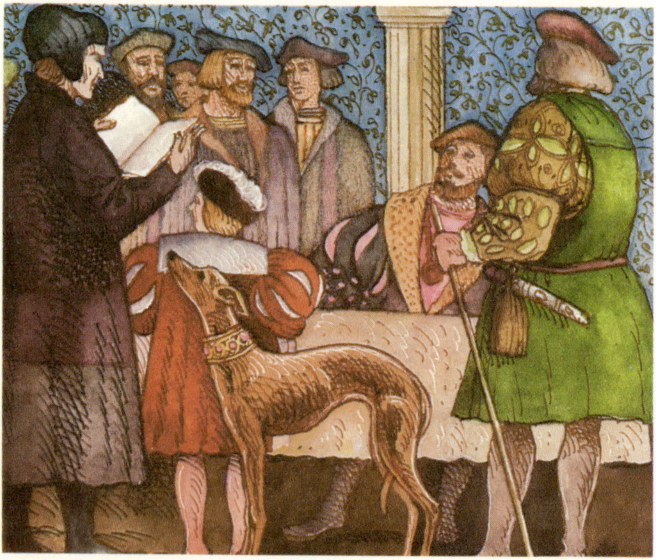

Malheur aux savants accusés d'hérésie. Le bûcher les attend ! En Espagne, dont le Sud restera aux mains des musulmans jusqu'à la fin du XVᵉ siècle, on les soupçonne d'autant plus facilement. A Genève, Michel Servet est brûlé vif par les calvinistes.

Les artistes deviennent des idoles

Pour tenir longtemps sur les murs enduits de ciment, les peintures à la fresque doivent sécher aussitôt l'ouvrage terminé. Des foyers disposés au pied de l'œuvre activent le séchage. Les spécialistes de la fresque ont des équipes nombreuses d'aides et d'apprentis pour préparer les murs, broyer les pâtes, monter les échafaudages parfois à plus de 50 mètres au-dessus du sol. Une école de peinture est en réalité une entreprise, et les grands peintres, tels Michel-Ange et Raphaël, animent des chantiers gigantesques. Rien ne semble surhumain aux artistes.

Au Moyen Age, l'artiste était un ouvrier obscur. En cent ans, il devient une idole. La Renaissance est passée par là.

Les peintres sont à Florence des maîtres d'œuvre comme les maçons ou les charpentiers. Ils engagent des compagnons et d'abord des élèves qui apprennent à délayer les pâtes, broyer les couleurs, préparer et polir les panneaux. Cet apprentissage dure six ans... Il est vrai que chaque atelier de peinture a ses secrets de fabrication, et prépare lui-même ses couleurs en mélangeant le cinabre, le sang de dragon, etc., produits coûteux qui souvent viennent d'Orient.

Les conditions de travail du peintre, notamment dans les églises, sont souvent très inconfortables. Pendant que les élèves préparent les couleurs, on hisse le maître, par un système de poulies, pour l'amener au niveau de sa fresque ; il travaille parfois couché.

Pendant six ans encore, les apprentis peintres effectuent des tâches ingrates : apprendre à mettre l'or sur les manteaux des saints, peindre les velours et les drapés, composer pour le maître des fonds de décor avec des arbres, des animaux, des palais, des murailles de villes... douze ans d'apprentissage avant de pouvoir participer à la création. Les jeunes sculpteurs ne sont pas mieux traités ; ils doivent apprendre longuement à ciseler la pierre, à façonner les casques... Les conditions de vie sont très dures. Les Raphaël, les Michel-Ange ont tous subi cette formation d'apprentis et de compagnons. Les artistes sont libres de changer d'atelier s'ils trouvent un meilleur salaire. Ils le font rarement de crainte d'avoir tout un apprentissage à refaire. Le seul avenir d'un apprenti doué est de se faire remarquer par

Pour faire des statues en bronze, l'artiste réalise un modèle en cire sur un noyau d'argile ; un moule en plâtre est appliqué à l'extérieur. On chauffe ensuite l'ensemble, la cire fond et s'écoule ; le vide créé est comblé par du bronze en fusion. Après refroidissement, on démoule.

Les blocs de marbre, provenant de Carrare en Italie, sont choisis à la carrière, par l'artiste lui-même. Les grands sculpteurs comme Michel-Ange veulent des blocs irréprochables. Ils sont ensuite minutieusement contrôlés, après livraison, dans l'atelier de sculpteur.

un chef-d'œuvre, et de devenir maître à son tour. Ainsi Brunelleschi passe-t-il des jours et des nuits à sculpter un projet pour les portes en bronze du baptistère de Florence, afin d'emporter le marché contre Ghiberti, son concurrent. Ghiberti l'emporte...

La richesse soudaine de l'Occident, l'engouement des bourgeois, des grands seigneurs, des princes, des rois et des papes pour l'art, changent brusquement l'existence des artistes ; on offre aux plus grands des sommes fabuleuses pour se les attacher. L'artiste devient un personnage respecté, une sorte de vedette, une idole populaire.

Le faste des princes

Tous les habitants de l'Europe sont des sujets, non des citoyens. Ils appartiennent aux princes, à qui ils doivent soumission. Les princes peuvent donc disposer des sujets en fonction de leurs ambitions, de leurs querelles ou de leurs successions. Le roi de France se prétend héritier de Milan ; cela suffit pour que Milan soit à lui, et non au duc Ludovic Sforza, dit Ludovic le More... C'est l'occasion pour l'armée française de combattre en Italie.

Les héritages et les guerres façonnent géographiquement les États ; les rois doivent être forts, puissants, magnifiques, pour garantir à la monarchie l'ordre, l'obéissance, le respect des lois et le versement des impôts. Pour s'en assurer, le souverain développe autour de lui une administration de plus en plus nombreuse, chargée d'entretenir son pouvoir, de briser toute résistance. Il a sa maison personnelle, avec des trésoriers, des conseillers, des juges, des militaires ; cette

Aux Pays-Bas, une guerre oppose l'armée espagnole aux milices bourgeoises qui veulent l'autonomie. A Bruxelles, au cours d'une grande cérémonie populaire, des princes et les bourgeois des principales villes se réunissent et prêtent serment de rester fidèles à la patrie.

« maison » s'appelle en France Conseil royal, en Allemagne Chancellerie, en Angleterre Conseil privé.

En province les rois envoient des représentants dociles, qui gouvernent en leur nom. Ils s'efforcent de dominer leurs vassaux et les bourgeois des villes, qui cherchent tous les moyens d'échapper à l'impôt royal. Mais il faut que les monarques tiennent de plus en plus compte des assemblées municipales, qui n'hésitent pas à se révolter ; Barcelone et Valence veulent vivre comme les villes italiennes, à l'abri des pouvoirs du roi. Les assemblées d'états discutent et parfois refusent les décisions royales. En France, les rois doivent convoquer les états généraux, en Espagne les Cortes, pour entendre les reproches et les critiques des provinces et accepter périodiquement la discussion avec leurs sujets. En Angleterre les rois gouvernent en tenant compte d'un Parlement permanent, composé de deux chambres, représentant les intérêts des sujets. Le roi, certes, reste souverain, mais le Parlement limite son pouvoir. Dans certains pays, cette tendance s'accentue ; dans d'autres, au contraire, le pouvoir royal s'étend.

Quand ils partent en guerre, les rois de France et d'Angleterre hésitent désormais à augmenter les impôts, craignant les réactions hostiles du peuple. Ils lancent des emprunts couverts par les municipalités, qui obtiennent en échange d'intéressants privilèges.

En présence de la reine, les deux chambres du Parlement britannique sont réunies. Contrairement au Parlement français, celui d'Angleterre n'a pas que des pouvoirs de justice. En contrôlant la levée de l'impôt, la Chambre des communes, dont les députés sont présents debout, derrière une barrière, a un pouvoir politique. Les nobles ducs, comtes et barons, les ecclésiastiques, membres de la Chambre des lords, siègent assis. Le représentant de la couronne, appelé « speaker », joue un rôle important aux Communes parmi les députés.

Arquebuses et canons

A l'arrière des armées en campagne, toute une foule suit les soldats, pour leur offrir les services dont ils ont besoin. Les camps militaires deviennent ainsi des villes animées, joyeuses, avec des cantinières servant la soupe, des convois de marchands livrant le vin,

La plus grande armée régulière d'Europe est celle du roi de France ; elle compte 18 000 hommes, les célèbres « compagnies d'ordonnance », créées par Charles VII. Le roi d'Angleterre a tout juste les moyens d'entretenir sa garde personnelle.

En temps de guerre, on lève, comme au Moyen Age, des contingents de nobles et des manants armés pour la circonstance d'armes traditionnelles : la lance, l'arc, l'arbalète. Ces milices de « francs archers » sont médiocres. En Espagne, le roi possède une redoutable infanterie, les fameux Tercios. C'est seulement à la fin du XVIe siècle que la France et l'Angleterre forment leurs premiers régiments. Les armes modernes sont le plus souvent entre les mains de mercenaires, allemands ou suisses, enrôlés dans les armées royales. La place occupée par les carrés suisses, composés de 6 000 combattants armés de piques, de hallebardes et d'arquebuses, est encore essentielle. Mais les Espagnols comprennent les premiers qu'il faut renforcer les armes à feu, les

la bière et les vivres, des colporteurs proposant aux militaires des jeux de dé pour jouer sur les tambours, des objets porte-bonheur, des tenues de parade et des cartes à jouer. Mais la solde des combattants est maigre, et ils vivent souvent du butin ou du vol.

arquebuses, éclaircir les rangs des combattants, et même faire appel, contre les antiques chevaliers, à des reîtres allemands armés de pistolets, capables de faire le coup de feu à cheval.

La puissance du feu domine donc la tactique. On ne peut plus faire la guerre avec l'infanterie en formation compacte et la cavalerie rangée sur deux lignes. L'artillerie a un feu trop meurtrier. En France, les frères Bureau inventent le canon attelé, tirant des boulets en fer. A Marignan, à Ravenne, les succès des Français sont dus largement à l'emploi de l'artillerie. Ces moyens nouveaux demandent d'autres capitaines ; les chefs de bande et capitaines de fortune cèdent la place à des généraux expérimentés, rompus à la tactique des armes à feu, connaissant l'art des fortifications, des sapes, des mines, et s'intéressant de près à la logistique, aux problèmes de transport du matériel et des munitions. La guerre devient savante et d'autant plus meurtrière.

Les condottieri se font face avant la bataille ; les deux hommes se connaissent, pour s'être souvent affrontés. La guerre est une affaire sérieuse, confiée à des spécialistes. Les condottieri paient eux-mêmes hommes et matériel. Ils ont le souci de ménager leurs

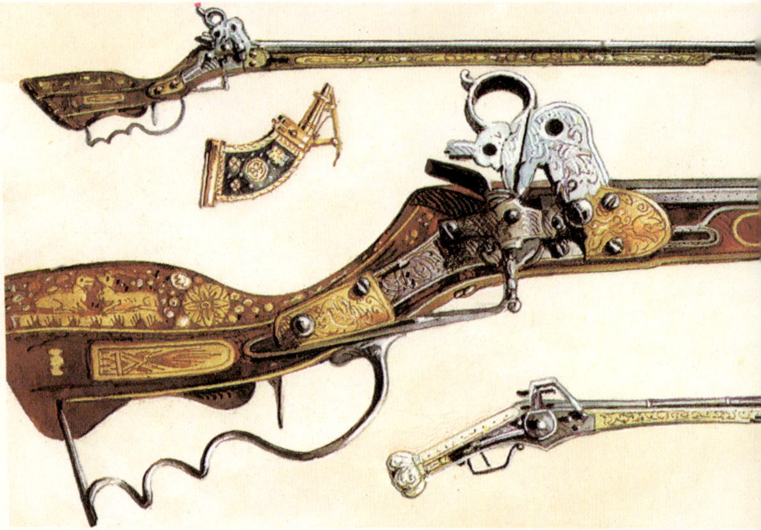

L'arquebuse à mèche, employée dès la fin du XVe siècle, puis à rouet, est la première arme à feu portative vraiment efficace. Elle se répand rapidement chez les mercenaires allemands et suisses. Bien entraîné, un arquebusier tire environ un coup toutes les cinq minutes.

forces, puisque tout est à leur charge. Les batailles entre Italiens, au temps de la Renaissance, sont des chefs-d'œuvre de stratégie, mais rarement des tueries sanglantes, en raison de l'organisation financière de la guerre et des armées.

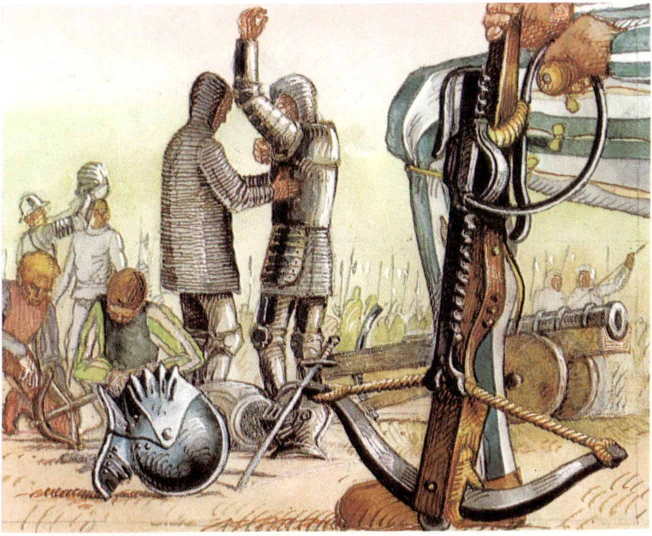

La préparation au combat est longue et minutieuse. Les armées de la Renaissance conservent encore des chevaliers et des piquiers en armures qui doivent être aidés de valets d'armes pour revêtir leur tenue. De lourds chariots, bourrés d'armes et d'armures, suivent la troupe.

Un septième art : la guerre

Nul ne déteste plus la guerre à la française qu'un condottiere italien. Pour lui la guerre est à la fois une entreprise financière et l'un des beaux-arts. Elle se fait en costume, proprement, savamment, sans tueries inutiles.

Les professionnels de la guerre montent les opérations en présentant, au préalable, un devis détaillé à leurs employeurs ; le pape, le prince, la ville, ou le doge de Venise en ont exactement pour leur argent. Les capitaines appelés condottieri leur garantissent de beaux combats, mais, comme sur le champ de course du Palio, ils ne peuvent pas garantir la victoire.

Cette guerre à l'italienne n'a pas d'avenir ; la convoitise des grands États européens, la France, l'Empire allemand, l'Espagne, transforme le jeu régulier des condottieri en affrontements sans merci. Les Italiens parlent de la furia francese, non pour dire que les Français sont les plus braves, mais qu'ils font la guerre comme des furieux, comme des fous, avec le désir de gagner à tout prix.

La guerre des chevaliers, avec armures, bannières et chevauchées, devient très vite un affrontement national,

Les sapeurs du XVIe siècle utilisent au maximum la poudre pour abattre les murailles. Les cibles les plus faciles sont les châteaux médiévaux. Une bonne sape vient facilement à bout des remparts les plus élevés. Aussi les assiégés envoient-ils des contre-sapes.

où l'infanterie armée de longues piques, d'arbalètes et la moderne artillerie de mercenaires munis d'arquebuses ont raison des plus braves cavaliers. Les nobles doivent descendre de cheval, combattre à pied. Un Bayard, un Gaston de Foix étonnent les Italiens par leur refus désespéré de la défaite. La guerre n'est plus une succession de tournois de ville à ville ; elle est une invasion.

Dans son cortège, les peuples rencontrent la misère, le malheur ; les belles villes d'Italie sont prises, reprises, pillées.

Il arrive que les soldats mercenaires se déchaînent quant ils prennent une ville ; à Rome les lansquenets allemands pillent les maisons, massacrent les habitants, et laissent derrière eux des ruines. Après leur départ, la peste et la famine font leur apparition.

Les condottieri paient et nourrissent les soldats qu'ils enrôlent et commandent. Se louant alternativement à Venise, à Florence ou au pape, ils ont intérêt à ménager leurs clients. Mais Charles Quint ou François Ier n'ont pas ces scrupules, leurs lansquenets allemands, leurs piquiers suisses ou leurs arbalétriers génois massacrent les civils, pendent les paysans, brûlent les fermes et volent les récoltes.

Les convoitises des rois, par les guerres incessantes, font les malheurs des peuples et particulièrement des Italiens.

Les lansquenets sont des piquiers casqués, armés de longues lances ou piques. Les plus redoutables d'entre eux, les Espagnols, apprennent à manœuvrer en groupe, à se déployer efficacement en dépit de la grande dimension des armes. Les charges de chevaliers en casques et armures se brisent contre les véritables hérissons que forment les lansquenets serrés les uns contre les autres, en carrés. La seule arme efficace est l'artillerie qui, par ses canonnades, décime les rangs de ces mercenaires. Encore faut-il que la puissance de feu soit suffisante.

Dans sa tente rouge et or, frappée aux armes impériales et installée au centre du camp, Charles Quint se prépare à assiéger Tunis. Il a donné l'ordre de s'emparer d'une tour de guet arabe, gênant les mouvements de sa troupe qui débarque sur la terre d'Afrique.

Les navires européens, déjà équipés de pièces d'artillerie, obligent les capitaines à changer de tactique et de manœuvre. Bord à bord les navires échangent des coups de canon à bout portant, profitant au mieux des vents et de leur vitesse.

Jeux, joutes et bals de cour

Le jeu de paume, très prisé dans les cours européennes, ressemble beaucoup à notre tennis. Les joueurs projettent violemment les balles au-dessus d'un filet, avec des raquettes. Mais ils les lancent très fort. Il y a souvent des blessés au cours des parties.

Ils ont bien changé, les châteaux, depuis que les seigneurs européens sont allés visiter l'Italie. A leur retour, les châtelains ne supportent plus longtemps les donjons aveugles et les salles d'armes glacées. Ils font percer les murs de fenêtres croisées, remplacer les mâchicoulis par des frises.

Les nouveaux châteaux ne sont plus des places d'armes, mais des demeures agréables. Tout est calculé pour offrir aux hôtes le maximum de luxe, de confort, de représentation. Il faut que la descente d'un escalier soit un spectacle, et l'escalier lui-même un décor. Les architectes construisent merveilleusement ceux des châteaux de Fontainebleau et de Chambord. La cour, en habits brodés et en fraises ajourées, y paraît devant le peuple.

En France et en Angleterre comme en Italie, les rois aiment changer de châteaux. Les cours ne sont pas fixes. Les rois sont des nomades ; ils chassent, l'automne, en Ile-de-France ; ils passent l'hiver au Louvre, l'été sur les bords de la Loire. Le pape a son palais d'été et sa résidence romaine. Les domestiques, les grands seigneurs, les fournisseurs suivent les rois et les princes.

Les distractions de cour gardent parfois la brutalité du Moyen Age ; la chasse et le tournoi restent jeux de princes. Un roi de France, au XVIe siècle, meurt au cours d'un tournoi. Mais les mœurs à l'italienne se répandent ; les rois reçoivent les poètes, installent somptueusement les artistes, comme Léonard de Vinci à la cour de François Ier. Ils se plient à leurs caprices, suivent en tout leurs recommandations. Les costumes de cour imitent la mode italienne et sur la table des princes les couverts s'imposent peu à peu, empêchant les convives de prendre les viandes et les mets avec les doigts, comme le voulait la coutume jusqu'alors.

Les dames réclament la présence à la cour de musiciens, de danseurs, et d'animaux exotiques, comme les singes, les guépards et parfois les lionceaux, dressés et guidés par des serviteurs.

La cour d'Angleterre raffole des fêtes et des bals masqués. Cette nation de corsaires et de pirates découvre, sous le règne d'Elisabeth, les plaisirs de cour, comme ils sont pratiqués ailleurs en Europe. Un service des réjouissances est créé pour organiser les fêtes.

Les fourchettes sont une nouveauté en Europe dans les cours de la Renaissance. La mode vient d'Italie et se répand rapidement. Les lourds seigneurs du Nord se servent aussi difficilement de cet ustensile que les Occidentaux des baguettes chinoises.

En Bohême on chasse l'ours, comme au Moyen Age, avec des piques et des couteaux. En hiver, les chasseurs traquent longuement l'animal rusé et courageux. Ils suivent sa piste dans la neige. Cette chasse, très sportive, entraîne souvent mort d'homme.

Dans les parcs de leurs châteaux, les rois de France donnent, à l'exemple des Romains, des spectacles appelés naumachies. Ce sont des joutes organisées avec des bateaux de guerre construits pour la circonstance ; ici des chrétiens vont s'attaquer à un navire turc. Les croisades ne sont pas encore très éloignées, le rêve des seigneurs d'Occident est toujours de se mesurer avec les « infidèles ». Les naumachies ont lieu à l'occasion de fêtes nombreuses et brillantes. Les combattants des navires sont des soldats de l'armée royale.

Des fêtes à grand spectacle

La Renaissance n'a pas inventé la fête populaire, mais elle en a fait un fabuleux spectacle. L'entrevue du Camp du Drap d'or entre Henry VIII et François Ier, le couronnement de Charles Quint, les mariages princiers, les visites de rois, les lendemains de victoire, tout devient l'occasion d'un extraordinaire déploiement de faste qui frappe les imaginations.

Piero de Médicis, à Florence, marie son fils à la fille d'un prince romain. Le peuple de Florence n'aime pas les Romains. Il faut l'apaiser. On lui offre des jeux et du vin, à profusion, mais surtout du spectacle ; sur la place de Santa Croce, une joute annonce, longtemps à l'avance, la cérémonie. Les jeunes gens des plus grandes familles prennent part au combat, en grand apparat. Laurent et Julien de Médicis ont des costumes couverts d'or et de pierres précieuses. Derrière les jeunes gens, une nombreuse troupe suit : des porte-étendards à cheval, des trompettes, des pages. La joute est faite aux couleurs de la dame. Le prix du combat est un heaume orné de plaques d'argent et surmonté d'une statue du dieu Mars.

Le temps de la noce arrive. En ces jours de fête, le chianti, vin toscan, coule dans les fontaines ainsi que le frascati romain. De nombreuses victuailles attendent d'être consommées ; on a tué 300 veaux, 4 000 volailles... Des rameaux d'olivier décorent toutes les fenêtres,

Les Médicis donnent à Florence des fêtes somptueuses au cours desquelles sont tirés des « feux d'artifice » qui plongent la population dans l'émerveillement. Le vin coule dans les fontaines, sur les places éclairées par les premiers « feux de Bengale ».

en signe de joie. En trois jours, les Médicis offrent cinq banquets. On se rend à l'église de San Lorenzo en grande pompe pour entendre la messe du mariage. Des fanfares jouent sur les places.

Et les fêtes succèdent aux fêtes. Les Médicis sont, comme les Sforza à Milan et plus tard les rois de France et d'Angleterre, de prodigieux entrepreneurs de spectacles. Des vêtements colorés sont distribués au peuple pour qu'il jette dans la rue des taches de gaieté : il défile le jour, il défile la nuit, à la lueur des torches. Laurent de Médicis compose lui-même des chants de carnaval qu'il fait interpréter à des chœurs publics. Les réjouissances durent parfois une semaine. De somptueux feux d'artifice soulèvent l'émerveillement de la foule.

Et toute l'Italie, bientôt les grandes villes d'Europe, festoient au rythme florentin.

Sous le règne d'Elisabeth, les bourgeois de Londres raffolent du théâtre. Les pièces de Shakespeare sont jouées dans des salles en bois, construites à ciel ouvert. Un drapeau annonce le début de la représentation. Du haut de la tour on tire le canon pour les scènes de batailles.

Les Anglais aiment la cruauté des combats de coqs. Ils font des paris sur les pauvres animaux qui combattent à mort, encouragés par les vociférations du public. Il y a aussi des combats de chiens féroces contre des ours ou des taureaux captifs.

Le carnaval, toujours en honneur en Europe et pas seulement en Allemagne, est l'occasion de grandes réjouissances populaires. Dans le Midi de la France, la population des villes prépare pendant de longues semaines des chars représentant les personnages de légendes populaires, des animaux fabuleux comme la fameuse « Tarasque » de Tarascon. Tandis qu'à Montpellier se déroule la danse du « Chivalet ». Les habitants se déguisent pour participer au cortège du « roi Carnaval » que l'on brûle joyeusement en place publique.

Composition réalisée par C.M.L. - Montrouge

MAURY-IMPRIMEUR S.A.
45330 Malesherbes
Imprimé en France
Librairie Générale Française
14, rue de l'Ancienne-Comédie
Paris

ISBN 2-253-02912-2